DÉLIRONS
AVEC Léon !

UNE TEMPÊTE DE TRUCS COMPLÈTEMENT FOUS

NUMÉRO 8

PAR

ANNIE GROOVIE

*Merci à
Thierry Oulhen,
un infirmier
super cool*

4

POUEEEEEETT!!!

EN VEDETTE :

LÉON > NOTRE SUPER HÉROS

**Le surdoué de la gaffe,
toujours aussi nono et aventurier.**

LE CHAT ›

Fidèle ami félin plein d'esprit.
On ne peut rien lui cacher.

J'aime bien
ce qu'on dit
de moi...

LOLA ›

La séduisante au grand cœur.
Son charme fou la rend irrésistible.

Et moi,
je ne me trouve
pas mal du tout
sur fond
d'étoile bleue...

DÉJÀ LE HUITIÈME LIVRE !

Comme le temps passe **VITE** ! J'ai l'impression que
je viens tout juste de terminer les quatre premiers !

À vous qui avez **dévoré** tous les numéros jusqu'ici,
merci pour votre si belle **fidélité**.
J'espère en être **DIGNE** encore longtemps en vous
divertissant, en vous apprenant plein
de trucs **fascinants** et, surtout, en vous permettant
de vous **éclater** comme jamais ! Parce que, et vous le saviez
peut-être déjà, le **RIRE** est excellent pour la santé !

Alors, au plaisir de vous **rencontrer** dans la rue,
à votre **école**, dans un salon du **LIVRE** ou dans
tout autre endroit !

Bonne lecture et à bientôt !

Annie Groovie
XX

Table
des
matières

Suite

Y A DES JOURS COMME ÇA...

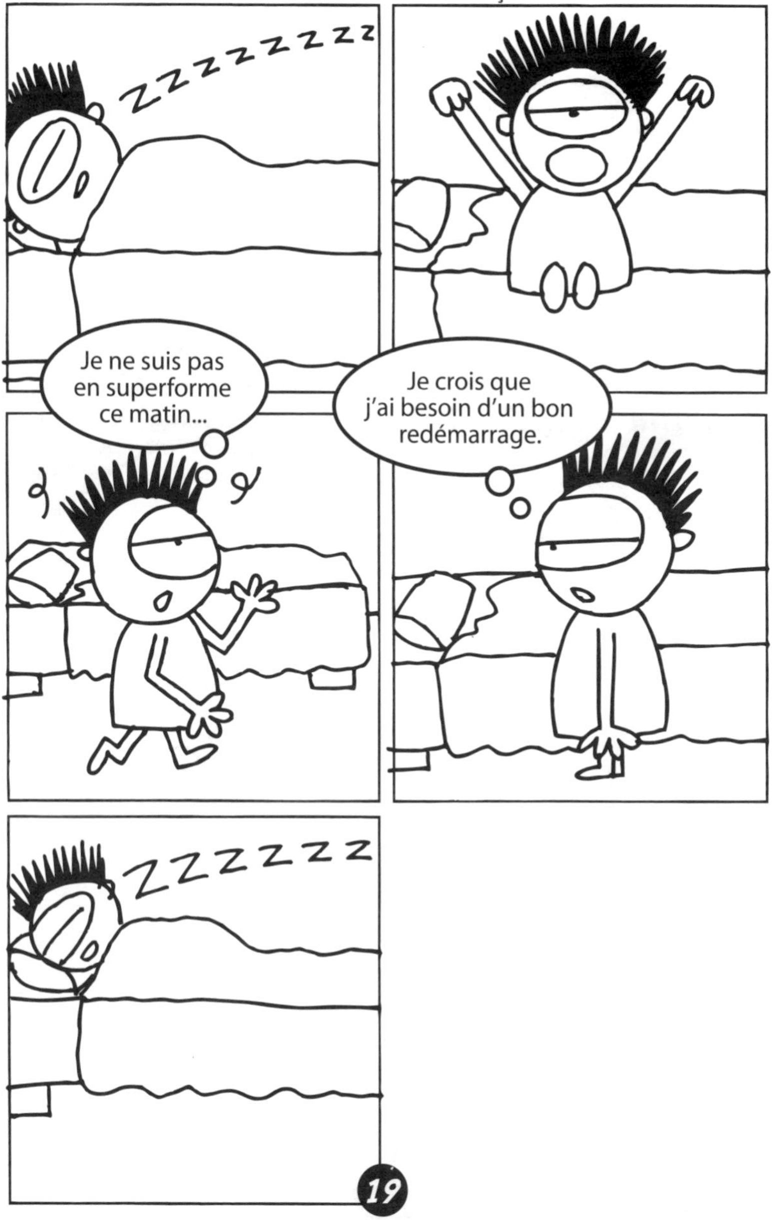

LOIS ÉTRANGÈRES FARFELUES

Il existe dans le monde une variété de lois farfelues qui ont peut-être déjà eu leur raison d'être, mais qui l'ont perdue depuis longtemps ! En voici quelques-unes :

Ah !

En Alabama, il est illégal de porter une fausse moustache à l'église si elle déclenche le rire des fidèles pendant le service.

Ah !

En Alaska, il n'est pas permis de pousser un orignal vivant hors d'un avion en mouvement.

Ah !

En Californie, il est interdit de tirer à l'arme à feu sur quoi que ce soit si l'on se trouve dans une voiture... sauf sur une baleine !

Ah !

À Portland, dans le Maine, on défend aux hommes de chatouiller les femmes avec un plumeau.

Ah !

Au Missouri, les hommes célibataires de 25 à 50 ans doivent payer une taxe annuelle d'un dollar.

Ah !

En Louisiane, il est interdit de se moquer des boxeurs quand on assiste à un match.

Saviez-vous ça?

Au cours de sa vie,
un humain avale en moyenne 70 insectes
pendant son sommeil. Serait-ce pour
cela que parfois, le matin, on n'a pas
vraiment faim?

MON OEIL !

Histoires insolites

LA FAIM JUSTIFIE LES MOYENS

En Allemagne, certains voleurs savent vraiment ce qu'ils veulent... Deux cambrioleurs se sont introduits dans l'entrepôt d'un magasin où étaient accumulées des marchandises valant plusieurs milliers d'euros. Pourtant, tout ce qu'ils ont pris, c'est... un sac de biscuits !

Quand on les a retrouvés, on a fouillé leur appartement et on a constaté qu'ils n'avaient rien volé d'autre. Les policiers ont avoué n'avoir jamais rien vu de tel...

Source : Reuters

SERPENTS !

Avez-vous peur des serpents ? Si vous pensez que non, voici une autre question : accepteriez-vous de passer une heure dans une cage qui en contient 112 ? Ah, soudainement, on est moins brave... Pourtant, une fillette de trois ans a accompli cet exploit ! Pas craintive du tout, elle a laissé les reptiles s'enrouler autour de son cou et de ses bras. Elle a même demandé à l'un d'eux : « Tu vas bien, toi ? » Elle ne semblait pas se soucier des cobras, des pythons et des serpents à sonnette qui remuaient autour d'elle.

Il faut savoir que le père de la fillette est charmeur de serpents en Malaisie et qu'il l'a habituée à fréquenter ces animaux dès l'âge d'un an. Il souhaite d'ailleurs lui transmettre toutes ses connaissances sur les serpents, comme son père l'a fait avec lui quand il était jeune.

À sa sortie de la cage, qui se trouvait dans un hôtel où des spectateurs étaient venus observer la scène, la fillette s'est contentée de dire... qu'elle voulait boire du lait !

Source : Associated Press
de Kuala Lumpur

DEVINE QUI VIENT DÎNER ?

Quand on fait la cuisine pour des visiteurs, on espère qu'ils apprécieront. Mais que faire quand des ours s'invitent eux-mêmes ? Une vieille dame qui préparait un rôti ne se doutait pas que l'odeur de son repas attirerait une ourse et son petit. Heureusement pour la femme et pour la bête, elles ont été aussi surprises l'une que l'autre. L'ourse a griffé la dame, mais a décampé rapidement quand celle-ci s'est mise à hurler et à frapper dans ses mains pour lui faire peur. Elle s'est enfuie, sauf qu'elle a oublié un petit quelque chose : son ourson ! La dame a vite poussé le petit dehors pour qu'il aille rejoindre sa mère.

On pense que ce n'est pas la première fois que la petite famille faisait irruption dans une maison pour manger. Ni la vieille dame ni les autres victimes des gourmands n'ont voulu faire installer de pièges à ours chez eux. Cependant, il semble que si les animaux sont capturés, ils n'échapperont pas à l'euthanasie...

Source : Associated Press
de Vail, au Colorado

Elle est bonne !

Pourquoi les dentistes ont-ils toujours des contraventions quand ils sont au volant de leur voiture ?

Parce qu'elle n'a pas de plaque...

Léon fait du ski nautique. Quand il revient au bord du lac, il soupire profondément.
« Pourquoi cet air découragé ? lui demande Lola.
- Parce que je n'ai pas été capable de rattraper le bateau... »

Le Chat demande à Léon s'il lui a raconté sa dernière blague.
« Ça dépend, répond Léon. Est-ce qu'elle est bonne ?
- Elle est super drôle !
- Alors non, tu ne me l'as pas racontée... »

26

Pourquoi ne risque-t-on pas de mourir de faim
dans une forêt de conifères ?

Parce qu'on peut toujours manger des tranches de pin...

Lola arrive près de Léon, toute fière.

« Qu'est-ce qui t'arrive ? lui demande Léon.

– Je viens de me trouver un emploi de souffleuse au théâtre.

– Tu es chanceuse, ça va être facile !

– Pourquoi dis-tu ça ?

– Eh bien, as-tu déjà vu de la neige au théâtre ? »

Pourquoi le charcutier a-t-il suivi des cours de coiffure ?

Pour apprendre à faire des boudins...

Léon arrive à la plage avec un téléviseur dans les bras.

« Que fais-tu avec ça ? lui demande le Chat.

– Je veux me protéger du soleil !

– Avec une télé ?

– Ben oui. Tu n'as jamais entendu parler
d'écran solaire ? »

LE «SUPER HYPER COOL» VOYAGE DE LÉON

Léon revient tout juste d'un voyage dans le Sud.
À l'aide de quelques photos qu'il a prises,
il raconte son séjour à ses amis. Mais afin
de rendre le tout plus excitant, il a décidé
de transformer un peu la réalité...

Voici donc sa version des faits (en bleu) et ce qui lui
est vraiment arrivé (en rouge). Vous pouvez constater
que ce n'est pas tout à fait la même chose !

« Ah ! Ici, c'est quand j'ai remporté le prix du meilleur nageur ! »

(C'est plutôt un avertissement qu'il a reçu parce qu'il nageait trop loin dans la mer...)

« Ah, oui ! Ça, c'est cool : c'est quand je me suis fait faire des tresses ! »

(La vérité, c'est que ses cheveux sont restés pris dans un moteur de bateau...)

« Ah ! Ça, c'est quand toutes les filles couraient après moi et m'embrassaient partout ! »

(Ce sont plutôt des sangsues qui lui ont collé à la peau...)

« Et ça, c'est quand le gros crocodile a failli me manger et s'en est pris à mon appareil photo, finalement... Ouf ! »

(Léon était distrait et il s'est fait voler sa caméra, tout simplement ! Heureusement, il a pu retrouver le coupable !)

L'EN-CYCLOPE-ÉDIE

LE SURF

Ah, la joie de glisser sur les vagues, d'éprouver la caresse du vent sur son visage, de sentir la planche prendre de la vitesse sous ses pieds... et, parfois, de tomber violemment à l'eau à cause d'un faux mouvement ! Amusant, le surf ? Tout à fait ! Mais vous êtes-vous déjà demandé d'où vient ce sport et comment on le pratique ? Voici le premier article de l'en-cyclope-édie : le surf !

Tout a commencé dans le nord de la Polynésie, sur l'île d'Hawaï, il y a de cela 500 ans. Des explorateurs ont vu des Polynésiens qui s'amusaient dans les vagues, non pas sur des bateaux, mais plutôt sur de longues planches de bois taillées dans des troncs d'arbres. Cependant, quand les îles ont été colonisées par les États-Unis, la pratique de ce sport a été interdite. Pourquoi ? Parce que ça déplaisait aux missionnaires de voir les Hawaïens surfer presque nus...

Puis, dans les années 1950, on a recommencé à faire du surf. Ce sport a connu une expansion fulgurante, surtout en raison des améliorations qui avaient été apportées à la planche, qu'on pouvait désormais fabriquer en fibre de verre. Et sans doute un peu grâce aux Beach Boys, un groupe de musiciens très populaire, originaire de Californie...

Faire la planche...

Il existe au moins deux types de planches de surf. Il y en a des longues, qui ressemblent un peu à celles qu'avaient les Polynésiens. Elles sont idéales pour les débutants et elles vont très vite sur de bonnes vagues. Les courtes, elles, sont plus maniables et plus légères : elles permettent au surfeur de mieux se diriger et, évidemment, de faire des acrobaties !

Comment devient-on un bon surfeur ?

Il n'y a pas de secret : il faut beaucoup s'exercer ! C'est un sport qui demande à la fois de la dextérité, de l'équilibre et un bon sens du timing. En effet, on doit d'abord apprendre à repérer les vagues qu'on peut chevaucher avec sa planche. Celles qui sont trop petites soulèveront à peine le surfeur. Ensuite, il faut placer le nez de la planche en direction du rivage. Puis, on doit nager de toutes ses forces afin d'accélérer et d'atteindre une vitesse suffisante pour que la vague « saisisse » la planche.

Ce n'est pas fini ! Il faut aussi apprendre à se lever debout sur la planche... et à la maîtriser ! Une fois qu'on y est parvenu, on doit se servir de ses bras comme d'un balancier pour conserver l'équilibre.

Je veux faire du surf, mais où ?

Évidemment, on pense tout de suite à Hawaï, mais il existe bien d'autres endroits offrant des vagues tout aussi intéressantes que les mythiques plages hawaïennes. Il est possible de surfer en Californie et sur toute la côte ouest des continents américain, européen et africain. (Pourquoi précisément sur la côte ouest ? À cause des vents dominants, bien entendu !) Il y a aussi l'Australie, la Nouvelle-Zélande, Tahiti, les îles Canaries, alouette ! Au fond, dès qu'il y a de la vague et que l'endroit ne présente pas trop de danger (rochers, bateaux, requins), on peut faire du surf... Bonne glisse !

PAUSE PUB

Les lunettes
DOUBLE FOYER

Pour un look flamboyant !

TEST : CONNAISSEZ-VOUS BIEN LES ANIMAUX ?

1. Quel est le plus grand de tous les mammifères terrestres ?

A. L'éléphant
B. La girafe
C. L'orignal
D. Le chameau

2. Où vit le panda géant ?

A. En Chine
B. En Australie
C. En Nouvelle-Zélande
D. Au Canada

3. Lequel de ces animaux n'est pas carnivore ?

A. Le loup
B. L'ours
C. Le chat
D. La vache

4. Combien de temps dure la période de gestation du chat ?

A. Neuf semaines
B. Neuf mois
C. Neuf jours
D. Neuf heures

5. Quel animal appelé Flipper tenait la vedette d'une série télévisée ?

A. Un ours
B. Un singe
C. Un dauphin
D. Un kangourou

6. Qu'est-ce qu'un rongeur ?

A. Un bébé chien qui mordille les divans et les vieux souliers
B. Quelqu'un qui se ronge les ongles
C. Un gros moustique qui vit dans les forêts tropicales
D. Un animal muni de grandes et fortes incisives, situées à l'avant de sa gueule

7. Comment se nomme le refuge des lapins ?

A. Un étrier
B. Un terrier
C. Un terroir
D. Un terreau

8. Durant quelle saison a lieu l'hibernation ?

A. En automne

B. En hiver

C. En été

D. Au printemps

9. À quoi sert le camouflage auquel recourent certains animaux, dont le caméléon ?

A. À se cacher en adoptant naturellement les teintes de son environnement.

B. À se tenir au chaud pendant les longs hivers

C. À garder sa provision de nourriture en toute sécurité

D. À protéger son nid des nombreux prédateurs

10. Parmi la liste suivante, qu'est-ce qui ne désigne pas une race de chiens ?

A. Le bouledogue

B. Le bouvier bernois

C. Le fox-terrier

D. Le zigoto

11. Comment se nomme le petit de la chèvre ?

A. Le mouton

B. Le chevreau

C. Le chevreuil

D. Le chevrier

12. Quel est le cri du cheval ?

A. Le hennissement
B. Le beuglement
C. Le coassement
D. L'aboiement

13. Qui est surnommé le roi des animaux ?

A. Le loup
B. Le lion
C. Le guépard
D. Le tigre

14. Lequel de ces animaux est reconnu pour être têtu ?

A. Le crocodile
B. La vache
C. L'âne
D. Le mulot

15. Attention, je crache ! Qui suis-je ?

A. Le taureau
B. Le lama
C. Le dromadaire
D. L'autruche

RÉSULTATS DU TEST

Entre 12 et 15 bonnes réponses :
Félicitations ! Vous êtes très bien renseignés sur
les différentes espèces animales. De vrais pros !

Entre 8 et 11 bonnes réponses :
Ce n'est pas mal non plus ! Vous devez tout de même
aimé les animaux pour avoir obtenu ce résultat, non ?

Entre 4 et 7 bonnes réponses :
Oups ! Peut-être avez-vous été distraits au moment
d'inscrire vos choix de réponse ? Je suis certaine
que vous auriez pu faire mieux. Vous vous reprendrez
la prochaine fois !

Entre 0 et 3 bonnes réponses :
Hummm... ce n'est pas un bon résultat, mais ce n'est
pas grave. On ne peut s'intéresser à tout !

QUE FAIRE
DE VOS 10 DOIGTS
À PART JOUER
DE LA FLÛTE À BEC...

IMPRESSIONNEZ VOS AMIS EN DESSINANT LÉON !

Vous aurez besoin d'un stylo feutre noir et d'un bout de papier.

Commencez par dessiner un cercle.

Puis, tracez un ovale pour l'œil.

Ajoutez un point au milieu.

Pour le sourire, tracez une longue ligne courbe continue, longeant l'intérieur du contour de la tête.

Ajoutez deux demi-cercles de chaque côté pour les oreilles.

Ensuite, d'un mouvement continu de bas en haut, dessinez des lignes droites de longueur égale, allant d'une oreille à l'autre.

Vous êtes rendus au corps. Tracez-le en commençant par une ligne descendante légèrement courbe, suivie d'une ligne droite horizontale, puis refermez la forme à partir de l'autre côté de la tête.

Pour le premier bras, tracez une ligne droite à laquelle vous donnerez un angle de 90°.

Complétez la main avec quatre petits doigts ronds, puis refermez la ligne du bras sur le corps.

Dessinez l'autre bras en ne traçant cette fois que deux doigts, car sa main est placée de côté.

Vous y êtes presque... Dessinez ses jambes et ses pieds tel qu'indiqué ci-dessus.

L

Voilà ! Il ne manque plus que quelques petites lignes près de sa main gauche pour simuler son mouvement. Bravo !

DESSINEZ AUSSI LE CHAT !

A

Les personnages de la série *Léon* ont tous la même base. Donc, commencez en traçant un cercle pour la tête, puis un ovale et un point pour l'œil.

B

Ajoutez son nez et sa bouche tel que montré ci-dessus.

C

Tracez ensuite deux moustaches de chaque côté du visage...

D

... et ajoutez deux oreilles en forme de triangles, tout simplement.

Le corps, pour sa part, se dessine en un seul trait continu. Commencez à la base de la tête, puis descendez votre crayon en traçant d'abord une légère courbe. Enchaînez avec une première patte, puis une deuxième. Enfin, remontez tout en haut, jusqu'à la tête.

Ajoutez les pattes de devant et dessinez deux petits traits dans chacune d'elles.

Il ne manque que la queue ! Voilà, vous pouvez maintenant dessiner Léon et le Chat partout !

Cool ! On va pouvoir se dessiner l'un l'autre !

Le Métier Super Cool
Infirmier pour Médecins sans frontières

Thierry Oulhen

Imaginez que vous débarquez en Afrique, dans un village de 35 000 personnes, et y construisez, à l'aide de tentes, un hôpital improvisé. Puis vous creusez un puits pour disposer d'eau potable et embauchez des gens capables de donner des soins d'urgence. C'est ce que font les travailleurs de Médecins sans frontières lorsqu'ils partent en mission. Quand on est infirmier pour cet organisme, on œuvre dans des conditions extrêmes, au sein d'une équipe de plusieurs professionnels qui ont en commun le goût de l'aventure et du risque. Au cours des dernières années, Thierry est allé en Afrique pour trois missions : une en Ouganda, une en Sierra Leone et une en République démocratique du Congo.

• EN QUOI CONSISTE SON MÉTIER ?

En collaboration avec d'autres membres de Médecins sans frontières, il offre des soins d'urgence à des populations en danger. Lorsque des catastrophes comme des guerres, des désastres naturels ou des épidémies se produisent quelque part dans le monde, cet organisme dépêche des équipes sur les lieux du drame pour aider les gens en difficulté. Les tâches d'un infirmier de Médecins sans frontières sont très différentes de celles d'un infirmier ici. Thierry cumule plusieurs fonctions et se voit confier de lourdes responsabilités. Il doit former et encadrer le personnel local, gérer les provisions de médicaments et prendre beaucoup de décisions. En gros, tout ce qu'il a à faire est plus compliqué que ça le serait ici ! Comme les pays où œuvre l'organisme *manquent de ressources telles que l'eau potable, par exemple, les problèmes de santé dont souffrent les gens sont complexes, et l'équipe ne dispose pas du matériel nécessaire pour les soigner comme on le ferait dans un de nos hôpitaux.*

Voici une tente construite pour accueillir les patients qui doivent prendre des médicaments.

À l'intérieur, on demande aux gens de prendre leurs médicaments sur place pour s'assurer que leurs doses sont adéquates.

• COMMENT EST-IL DEVENU INFIRMIER POUR MÉDECINS SANS FRONTIÈRES ?

Il avait envie depuis longtemps d'exercer un métier qui lui permettrait de s'engager sur le plan social, de voyager et d'accomplir des tâches diversifiées. À 25 ans, il décide qu'il veut travailler comme infirmier pour Médecins sans frontières. Il s'informe donc auprès de l'organisme pour savoir quelle formation il doit suivre afin de pouvoir joindre ses rangs. Ensuite, il termine un diplôme d'études collégiales en soins infirmiers et trois certificats universitaires, dont un en soins d'urgence et un autre en santé communautaire. Tout en étudiant, il travaille à temps partiel et fait du bénévolat pour Médecins sans frontières.

• COMMENT S'EST PASSÉE SA PREMIÈRE MISSION ?

Ça n'a pas été évident ! En 2001, à 33 ans, il part au Congo pour venir en aide à une population de réfugiés qui ont dû fuir leur pays à pied, en laissant tout derrière eux. Ces gens n'avaient plus rien ! L'expérience est à la fois très excitante et très difficile. C'est dur d'être témoin de l'extrême pauvreté, de voir des enfants qui souffrent de malnutrition et de travailler dans un climat politique tendu. La fin de la mission est triste, elle aussi. Une fois l'objectif atteint, c'est-à-dire une fois que la situation de santé est stabilisée dans la région, l'équipe doit ramasser l'équipement et fermer l'hôpital, même si les travailleurs ont envie de rester plus longtemps pour aider davantage.

• QU'EST-CE QU'IL TROUVE LE PLUS COOL DANS SON MÉTIER ?

Offrir des soins aux gens dans des contextes difficiles. Ça lui permet de côtoyer de près des peuples étrangers. Il constate aussi que le geste de soigner est universel, tout comme le sentiment de gratification que ça procure au patient soulagé aussi bien qu'à l'infirmier fier de son travail.

• QU'EST-CE QU'IL TROUVE LE MOINS COOL ?

Voir des gens mourir alors qu'il sait que, s'ils se trouvaient dans notre pays, il pourrait les aider. À l'étranger, même s'il fait le maximum pour aider les personnes malades, il dispose de ressources limitées : il faudrait davantage de médicaments, de matériel spécialisé, de temps, de personnel…

• QU'EST-CE QU'IL AIME LE PLUS DANS SON MÉTIER ?

Soigner ! Ce n'est pas la même chose que guérir. Soigner, c'est accompagner les malades et chercher à les soulager. Les guérir, c'est obtenir un résultat. Or, dans certains cas, la guérison n'est pas possible. Il faut faire ce travail dans le but d'aider une population en difficulté et non parce qu'on veut des résultats, sans quoi on risque d'être très déçu.

• QU'EST-CE QU'IL FAUT POUR DEVENIR INFIRMIER AU SEIN DE MÉDECINS SANS FRONTIÈRES ?

Plein de choses ! On doit d'abord être débrouillard et organisé parce que le travail à faire est très varié. Il faut aussi être courageux et faire preuve d'une bonne maîtrise de soi. Par ailleurs, il est nécessaire de jouir d'une excellente santé physique et d'avoir de multiples intérêts, notamment pour la médecine, les différentes cultures, les voyages, la psychologie et le travail d'équipe.

Ces trois puits ont été aménagés par Médecins sans frontières pour pomper l'eau, la filtrer et la désinfecter afin de la rendre potable.

Des centaines de personnes marchent plusieurs kilomètres avec des bidons et attendent en ligne pour avoir de l'eau potable.

• COMMENT FAIT-ON POUR ÊTRE ENGAGÉ PAR CET ORGANISME EN TANT QU'INFIRMIER ?

En plus d'avoir fait des études en soins infirmiers et de détenir des certificats universitaires, il faut avoir vécu à l'étranger. En gros, on doit avoir baigné dans une culture dont les valeurs et les traditions sont différentes des nôtres, avoir vécu ce que l'on appelle un choc culturel. Par exemple, aller travailler auprès des communautés autochtones du Nord du Québec constituerait une expérience pertinente, puisqu'elles ne vivent pas de la même façon que nous.

• EST-CE DIFFICILE D'OBTENIR UN EMPLOI AVEC MÉDECINS SANS FRONTIÈRES ?

Non. Cet organisme est toujours à la recherche de gens à embaucher. Les postes sont comblés tant par des femmes que par des hommes, et les équipes sont composées

Un hôpital très différent des nôtres !

de gens de nationalités diverses. En revanche, il est difficile de faire ce métier à temps plein, de manière permanente. Le travail est stressant puisqu'il est toujours effectué dans des situations d'urgence. De plus, il est presque impossible d'avoir une vie stable lorsqu'on se rend constamment aux quatre coins de la planète. En général, les gens qui travaillent pour Médecins sans frontières occupent aussi un autre emploi, en plus de participer à des missions à l'étranger.

• QUEL EST LE RÊVE DE THIERRY ?

Pouvoir prendre part à des missions plus longues ! Il aimerait aussi travailler en Asie du Sud. La culture de ces pays l'attire beaucoup.

Pour plus d'information sur l'organisme, veuillez consulter le site Internet **www.msf.ca**.

Cette infirmière n'a pas de montre et doit travailler avec son horloge pour prendre le pouls de ses patients et gérer son horaire !

terrain de jeux

VOUS TROUVEREZ LES SOLUTIONS À LA PAGE 82.

MOTS MÉLANGÉS

Léon a mis les mots suivants dans le mélangeur. À l'aide des indices, saurez-vous les reconstituer ?

1. **toacnalpu** [indice > fruit]

2. **paotleset** [indice > vêtement]

3. **aratmeu** [indice > outil]

4. **ouruieqts** [indice > couleur]

5. **rmoneuesc** [indice > instrument de musique]

6. **etuerlsale** [indice > insecte]

7. **gubyr** [indice > sport]

8. **ehufolucr-** [indice > légume]

SYLLABES CACHÉES

À quoi pense réellement Léon en récitant ce poème romantique de Victor Hugo ?

Pour le savoir, il suffit de rayer chacune des syllabes du poème, éparpillées en vrac ci-dessous. À la fin, les quelques syllabes restantes formeront la pensée réelle de Léon...

VOIS   VIE   PUIS   L'HEU   RE   LA   SAIS

RAI   TENDS   JE   TOI   DE   GER   TU   JE   LA

LOIN   RER   JE   L'AU   J'AI   TI   PAR   J'I

PLUS   OÙ   GNE   RÊT   LA   DÈS   MON

PAR   DE   J'I   QUE   GNE   MEU   RAI

CAM   TEMPS   BLAN   DE   LONG   TU

TA   FO   MAIN   NE   M'AT   EN   MAN

DE   À   PA   CHIT   RAI   BE   PAR

> Demain, dès l'aube, à l'heure où blanchit la campagne, je partirai. Vois-tu, je sais que tu m'attends. J'irai par la forêt, j'irai par la montagne. Je ne puis demeurer loin de toi plus longtemps.

Léon a égaré une chaussette...
Elle se trouve quelque part dans la grosse pile
de la page suivante. Mais où ?

ASSOCIEZ CHAQUE MÉTIER AU BON INSTRUMENT DE TRAVAIL

1. Architecte

2. Infirmière

3. Chirurgien

4. Comptable

5. Archéologue

6. Juge

7. Dentiste

8. Mécanicien

a)

b)

c)

d)

e)

f)

g)

h)

1.__ 2.__ 3.__ 4.__ 5.__ 6.__ 7.__ 8.__

ATTENTION ADDITIONS !

Trouvez les chiffres manquants en additionnant ceux qui sont sur chacune des lignes horizontales et verticales. Le total de chaque ligne est inscrit au bout de celle-ci.

À la fin, si vous additionnez tous les chiffres manquants, le total devrait correspondre au nombre qui se trouve dans un cercle orangé.
Bonne chance !

+	+	+	+	+	+	+	
	5	1	3	5	3	10	33
4		7		3	7	3	28
	2	15	8	8		13	51
0	7	8	5	9	7		41
3		3	2	10	3	13	37
15	4		9	0	11	13	67
	6	22	10	0	15		55
33	28	71	**40**	35	48	57	

- Le même chiffre peut se répéter deux fois sur la même ligne.
- Le zéro peut être utilisé.

Qui va à la chasse trouve les réponses !

Les réponses à ce chassé-croisé sont un peu partout dans le livre. Bonne chasse !

1. Dans quel État américain fait-on payer une taxe annuelle d'un dollar aux hommes célibataires entre 25 et 50 ans ?

2. On en avalerait en moyenne 70 par année pendant notre sommeil. De quoi s'agit-il ?

3. Dans une des farces, qui a suivi des cours de coiffure ?

4. Comment appelle-t-on le système qu'ont les humains pour se défendre contre certains virus ? Léon a confondu ce mot avec un autre dans une des bandes dessinées.

5. Quel genre de look nous promet-on d'obtenir avec les lunettes DOUBLE FOYER ?

6. Sur quel sujet porte le test de connaissances ?

7. Quel est le Métier Super Cool de ce livre ?

8. De quel outil s'agit-il au numéro 3 de la page 62 ?

9. De quel genre de langage est-il question à la section AYEZ L'AIR INTELLIGENTS ?

10. Dans une bande dessinée, parce qu'elle a peur qu'il attrape des microbes, Lola avertit Léon de ne pas mettre sa main sur un objet. Lequel ?

11. Qu'est-ce qui justifie les moyens à la page 23 ?

12. Où les sangsues sont-elles restées collées dans la vraie version du voyage de Léon ?

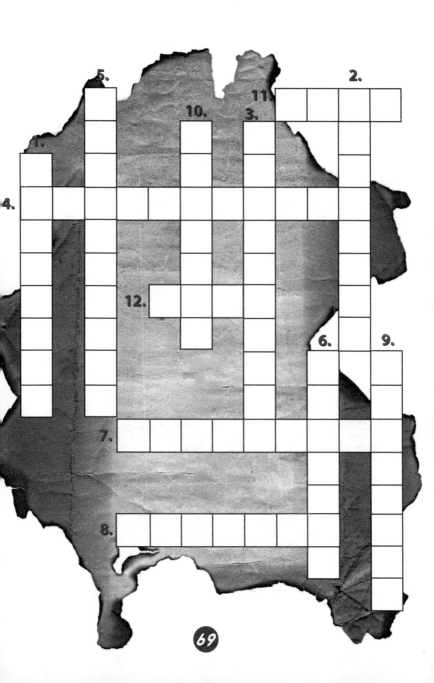

69

AYEZ L'AIR INTELLIGENTS

en sachant interpréter le langage corporel !

Parce que connaître le langage corporel peut parfois nous en apprendre beaucoup sur les gens... et peut-être même nous révéler des choses qu'ils n'oseraient pas dire !

Oui, en effet, je connais quelques trucs sur le langage corporel...

C'est fou comme il en sait, des choses !

Saviez-vous qu'il existe un **langage corporel** que les gens utilisent de façon inconsciente? En effet, bien que les êtres humains s'expriment surtout par la parole, quand on connaît le **langage corporel**, on peut détecter chez ses interlocuteurs des choses qu'ils n'oseraient peut-être pas dire ou qu'ils ne savent même pas qu'ils pensent!

Que faut-il observer?

Le corps en entier, en fait! **Le visage, les yeux, les bras, les jambes:** tout peut donner des informations.

Truc n° 1 :

Quand une personne **croise les bras,** cela pourrait vouloir dire qu'elle se referme sur elle-même.

Si elle fait ce geste alors que vous lui posez une question, cela peut cependant signifier autre chose. Peut-être s'agit-il d'un sujet délicat dont elle ne veut pas parler. Cela pourrait aussi indiquer qu'elle se recentre sur elle-même pour arriver à donner la meilleure réponse possible. Il faut savoir juger selon la situation...

Truc n° 2 :

Quand vous parlez avec quelqu'un, pour savoir si vous maintenez son intérêt, observez son comportement. Si la personne a **les jambes croisées** et que **son pied bouge continuellement**, ce serait signe qu'il vaut mieux changer de sujet!

Même chose si elle **appuie sa tête sur sa main**
ou si elle commence à pianoter sur la table avec ses doigts.
En revanche, si la personne **incline la tête** vers vous, c'est
sans doute qu'elle est intéressée par ce que vous dites!

Truc n° 3 :

Si une personne se **frotte les cheveux**, cela pourrait
traduire son insécurité, son manque de confiance.
Même chose si elle **se ronge les ongles**.

Truc n° 4 :

Si quelqu'un **se touche ou se frotte le nez** en
vous parlant, il se peut qu'elle soit en train de vous mentir.
Méfiez-vous!
Pour la coincer, regardez vers le bas en tournant
légèrement la tête : vous lui indiquez ainsi,
en **langage corporel**, que vous ne croyez pas
ce qu'elle vient de dire.

Truc n° 5 :

Par ailleurs, si vous croisez un de vos amis qui **marche
lentement**, les **mains dans les poches**, la **tête basse**,
il est sans doute triste et aurait peut-être besoin
de se confier...

Bonne observation!

CODE
SEC
RET

TROUVEZ LE CODE SECRET ET VOUS POURREZ ACCÉDER AU JEU 8 SUR LE SITE www.cyberleon.ca

Si ça ne fonctionne pas, malheureusement, vous devrez trouver par vous-mêmes où vous auriez pu faire une erreur, car on ne vous donne pas la solution...

À la page suivante, vous verrez une grille remplie de lettres et de chiffres, pêle-mêle.

Cette grille a deux axes, horizontal et vertical, sur lesquels vous trouverez soit des chiffres de 1 à 26 ou des lettres de a à z.

Le principe est donc simple. À l'aide d'indices, vous devrez retracer un à un les chiffres et/ou les lettres qui composent le code secret.

Ex: si l'indice est d-15, vous devrez d'abord trouver la lettre d dans la rangée verticale et suivre horizontalement avec votre doigt jusqu'au chiffre 15. À cet endroit, il y aura une lettre ou un chiffre que vous devrez noter minutieusement. Continuez ainsi jusqu'à ce que vous obteniez le code secret.

Bonne chance...

	1	2	3	4	5	6	7	8	9	10	11	12	13	14	15	16	17	18	19	20	21	22	23	24	25	26
a	P	W	5	0	Q	2	8	K	Z	S	7	N	M	4	F	U	9	T	D	E	3	V	K	H	7	A
b	2	0	P	Z	L	3	5	M	Q	Y	T	U	V	A	8	R	R	G	Y	M	8	D	2	Z	U	J
c	Y	F	5	0	F	A	7	K	W	R	Y	P	1	3	F	1	9	T	P	0	T	4	K	L	3	2
d	3	0	P	X	I	8	9	4	Q	E	T	N	F	B	M	X	J	K	L	H	2	D	2	Z	C	I
e	0	F	5	0	T	6	7	K	S	9	B	0	P	4	F	1	6	T	P	N	6	4	K	S	7	C
f	3	0	P	X	I	2	9	4	V	E	T	U	F	U	P	J	W	K	L	M	R	D	2	Z	C	P
g	7	A	P	W	5	0	Q	2	8	K	Z	S	7	N	M	4	F	U	9	T	D	E	3	V	K	H
h	U	J	2	0	P	Z	A	3	5	M	Q	Y	T	U	V	A	8	R	R	U	Y	M	8	D	2	Z
i	3	2	Y	F	5	0	L	A	7	K	W	R	Y	P	1	3	F	1	9	T	P	O	T	4	K	L
j	Y	I	3	0	P	X	I	8	9	4	Q	E	T	N	F	B	M	X	J	K	L	H	2	D	2	Z
k	7	C	1	F	5	0	T	6	7	K	S	9	8	0	P	4	F	1	6	T	P	N	6	4	K	S
l	C	P	3	0	P	X	I	2	9	4	V	E	T	U	F	U	P	J	W	K	L	M	R	D	2	Z
m	W	5	0	Q	2	8	K	Z	S	7	N	M	4	F	U	9	T	D	E	3	V	K	H	7	A	P
n	0	P	Z	L	3	5	M	Q	Y	T	U	V	A	8	R	B	R	Y	M	8	D	2	Z	U	J	2
o	F	5	0	Y	A	7	K	W	R	Y	P	1	3	F	1	9	T	P	O	T	4	K	L	3	2	Y
p	0	P	X	I	8	9	4	Q	E	T	N	F	B	M	X	J	K	L	H	2	D	2	Z	C	I	3
q	F	5	0	T	6	7	K	S	7	9	0	P	4	F	1	6	T	P	N	6	4	K	S	7	C	0
r	0	P	X	I	2	9	4	V	E	T	U	F	U	P	J	W	K	L	M	R	D	2	Z	C	P	8
s	A	P	W	5	0	Q	2	8	K	Z	S	7	N	M	4	F	U	9	T	D	E	3	V	K	H	7
t	J	2	0	P	Z	R	3	5	M	Q	Y	T	U	V	A	8	R	R	U	Y	M	8	D	2	Z	U
u	2	Y	F	5	0	L	A	7	K	W	R	Y	P	1	3	F	1	9	T	P	O	T	4	K	L	3
v	I	3	0	P	X	I	8	9	4	Q	E	T	N	F	B	M	X	J	K	L	H	2	D	2	Z	Y
w	C	Y	F	5	0	T	6	7	K	S	9	8	0	P	4	F	1	6	T	P	N	6	4	K	S	7
x	P	3	0	P	X	I	2	9	4	V	E	T	U	F	U	P	J	W	K	L	M	2	D	2	Z	C
y	C	P	3	0	P	X	I	2	9	4	V	E	T	U	F	U	P	J	W	K	L	M	R	D	2	Z
z	W	5	0	Q	2	8	K	Z	S	7	N	M	4	5	U	9	T	D	E	3	V	K	H	7	A	P

h-7 > ☐   k-3 > ☐

b-18 > ☐   q-10 > ☐

u-1 > ☐   c-5 > ☐

x-22 > ☐   e-11 > ☐

a-13 > ☐   z-14 > ☐

n-16 > ☐

Code secret

Entrez vite ce code sur
cyberleon.ca !

ANNIE GROOVIE
À VOTRE ÉCOLE

COOL!

EH OUI, ANNIE GROOVIE FAIT DES TOURNÉES DANS LES ÉCOLES !
VOUS TROUVEREZ TOUTE L'INFORMATION SUR LE SITE INTERNET
WWW.CYBERLEON.CA.

À BIENTÔT PEUT-ÊTRE !

SOLUTIONS

1. A
2. A
3. D
4. A
5. C
6. D
7. B
8. B
9. A
10. D
11. B
12. A
13. B
14. C
15. B

1.E 2.F 3.G 4.A 5.B 6.D 7.H 8.C

P. 62
1. CANTALOUP
2. SALOPETTE
3. MARTEAU
4. TURQUOISE
5. CORNEMUSE
6. SAUTERELLE
7. RUGBY
8. CHOU-FLEUR

P. 63
J'AI ENVIE
DE MANGER

P. 66

P. 67

6	5	1	3	5	
4	1	7	3	3	10
3	2	15	8	9	3
0	7	6	5	2	13
	3	5	7	0	0
15	4	15	2	10	13
2	6	22	10	0	13
			15		0

P. 68-69
1. MISSOURI
2. INSECTES
3. CHARCUTIER
4. IMMUNITAIRE
5. FLAMBOYANT
6. ANIMAUX
7. INFIRMIER
8. MARTEAU
9. CORPOREL
10. POIGNÉE
11. FAIM
12. PEAU

P. 64-65

Annie Groovie voit le jour le 11 avril 1970, à 19 h 15, en plein souper de cabane à sucre. Elle grandit heureuse et comblée à Québec. Très tôt, elle développe un goût profond pour la création (et pour les sucreries...). Dès l'âge de huit ans, elle remporte son premier concours de dessin, grâce à son originalité.

Photo : Dominique Malaterre

Annie est diplômée en arts plastiques et bachelière en communications graphiques. Elle exerce le métier de conceptrice publicitaire depuis plusieurs années à Montréal, où elle habite depuis 1994 (eh oui, elle vieillit...).

Annie est une grande adepte de la gymnastique ainsi qu'une mordue de cirque et d'acrobaties de toutes sortes. En 1997, elle est sélectionnée par le Cirque du monde et part trois mois au Chili pour enseigner les arts du cirque aux enfants de la rue.

En 2003, Annie Groovie se découvre une toute nouvelle passion : la création de livres pour enfants. Aujourd'hui, les albums consacrés à son personnage de Léon « roulent » à merveille. Elle a un projet de dessins animés en production, et vous tenez présentement le huitième numéro d'une série de livres tout à fait délirants !

LÉON A MAINTENANT

1

Léon et les expressions

Léon et les superstitions

RIGOLONS AVEC LÉON !

Léon et les bonnes manières

Léon et l'environnement

DEUX COLLECTIONS !
2

DÉLIRONS AVEC LÉON !

Les éditions de la courte échelle inc.
5243, boul. Saint-Laurent
Montréal (Québec) H2T 1S4
www.courteechelle.com

Conception, direction artistique et illustrations : Annie Groovie
Coordination : Amélie Couture-Telmosse
Collaboration : Amélie Couture-Telmosse et Philippe Daigle
Révision : André Lambert et Valérie Quintal
Infographie : Nathalie Thomas
Muse : Franck Blaess

Une idée originale d'Annie Groovie

Dépôt légal, 2ᵉ trimestre 2007
Bibliothèque nationale du Québec

La courte échelle reconnaît l'aide financière du gouvernement du Canada par l'entremise du
Programme d'aide au développement de l'industrie de l'édition pour ses activités d'édition.
La courte échelle est aussi inscrite au programme de subvention globale du Conseil des Arts
du Canada et reçoit l'appui du gouvernement du Québec par l'intermédiaire de la SODEC.

La courte échelle bénéficie également du Programme de crédit d'impôt pour l'édition
de livres — Gestion SODEC — du gouvernement du Québec.

Catalogage avant publication de Bibliothèque et Archives Canada

Groovie, Annie

   Délirons avec Léon !

   Pour enfants de 8 ans et plus.

   ISBN 978-2-89021-947-2

   I. Titre.

PS8613.R66D44 2007 jC843'.6 C2006-942113-7
PS9613.R66D44 2007

Imprimé en Malaisie